Fred Graef

Como chegar ao
Sim
EM VENDAS
desenvolvendo seu poder de conexão

COMO CHEGAR AO SIM EM VENDAS DESENVOLVENDO SEU PODER DE CONEXÃO

Técnicas de PNL para Criar Rapport e Sintonia com Qualquer Pessoa

Fred Graef

©Fred Graef
Todos os Direitos Reservados
Brasil – 2020

Como Chegar ao Sim em Vendas
Desenvolvendo seu Poder de Conexão
Técnicas de PNL para Criar Rapport e Sintonia com Qualquer Pessoa
de **Fred Graef**

Editor
Eldes Saullo

Projeto Gráfico e Editorial
Casa do Escritor

Dados Internacionais de Catalogação na Publicação (CIP)

Graef, Fred.
G734c Como Chegar ao Sim em Vendas Desenvolvendo seu Poder de Conexão / Fred Graef – Caxias do Sul: Publicação Independente / Casa do Escritor, 2020.
ISBN 979-8615140990

1. Negócios e Economia 2.Vendas. I. Título.

CDD 380

Aviso Legal

Copyright © FRED GRAEF. Todos os direitos reservados e protegidos pela Lei 9.610/98 do Brasil, bem como demais leis sobre direitos autorais dos países em que esta obra for adquirida.

Nenhuma parte do conteúdo deste livro poderá ser utilizada ou reproduzida em qualquer meio ou forma, seja ele impresso, digital, áudio ou visual sem a expressa autorização por escrito do autor. A não observância destas condições pode incorrer em penas criminais e ações civis.

Para solicitar permissões de reprodução, escreva para:

fred@fredgraef.com.br

Agradecimentos

Em primeiro lugar, quero agradecer a Deus pela Vida, por Seu Amor e pela Sua Providência.

Depois quero agradecer à minha amada esposa, a Gringa. Agradeço pelo seu amor, seu suporte e seu apoio com este projeto, principalmente com a revisão e seus feedbacks sobre o conteúdo.

Também quero agradecer às crianças, meus amores, por trazerem tanta alegria e felicidade à minha vida: Barbara e Artur.

Minha gratidão também a meus pais.

Finalmente quero agradecer a todos os meus professores, mestres e mentores que me orientaram. Sem a participação deles esta obra não seria possível.

Apresentação

"O futuro pertence àqueles que acreditam nos seus sonhos."
(Eleanor Roosevelt)

Você gostaria de ter mais sucesso nas suas vendas e negociações?

Já imaginou ter carisma e relacionamento para conquistar mais clientes e ter mais facilidade em "vender o seu peixe"?

Desejaria ser mais persuasivo?

Quer ser um melhor vendedor e comunicador?

Se você respondeu sim a alguma destas perguntas, este é o livro certo para você.

Seja bem vindo ao *"Como Chegar ao SIM em Vendas - Técnicas de PNL para Criar Rapport e Sintonia com Qualquer*

Pessoa", um livro onde você vai aprender de forma prática a competência mais importante em vendas e negociação.

Neste livro você vai aprender os detalhes e os segredos de como criar Conexão e estabelecer ótimos relacionamentos.

Eu sou Fred Graef, consultor de empresas, mentor e palestrante. Com mais de 35 anos de experiência em vendas e gestão de empresas, trabalho com consultoria, mentoria, treinamentos e palestras.

Já treinamos e trabalhamos com mais de 10.000 pessoas e centenas de empresas.

Portanto, o que você vai encontrar neste livro é pura prática e experiência.

Veja os benefícios que este livro traz para você:

- Você conquistará rapidamente a confiança de leads, prospects e clientes.
- Você conseguirá aumentar o poder de ser ouvido e passar a sua mensagem de vendas ou de negociação.
- Vai aumentar a sua conexão e "química" com as pessoas.
- Vai ampliar muito a sua capacidade de evitar conflitos.
- Ao final do livro vai estar habilitado para se comunicar e vender com muito maior eficácia do que antes.
- Desenvolverá a capacidade de se tornar um comunicador mais popular.

- Terá mais poder de se comunicar com maior clareza e confiança.
- Você vai se tornar um vendedor e um negociador muito mais competente.

Com este livro você vai entender vários conceitos e ideias importantes para a sua carreira e para o seu sucesso:

- Como funciona o cérebro nas decisões de compra.
- Detalhes e segredos de como funciona o Rapport e de como aplicá-lo.
- Ferramentas de como interagir com as partes do cérebro responsáveis pela confiança, pelo bem querer e pela racionalidade.
- Estratégias mentais para melhorar a sua atitude e o seu

comportamento quando estiver interagindo com leads, prospects e clientes.
- Como adaptar o seu estilo de comunicação para ter maior sucesso nas suas vendas e negociações.
- Funcionamento do cérebro trino.
- Melhores práticas de linguagem corporal.

O que é Rapport?

Aqui vai uma introdução rápida apenas para que possamos direcionar o raciocínio. Vamos aprofundar o entendimento e as explicações ao longo do livro.

Rapport é a competência de criar "química" e relacionamento com as pessoas, levando-as a confiar e gostar de você.

E isso é fundamental, porque as pessoas só compram de quem confiam e gostam.

Por isso é absolutamente necessário você se tornar um expert na arte do Rapport para vender mais e melhor.

Espero que goste e que o livro seja útil para você! Boas vendas!

Sumário

Capítulo 1 Conexão **1**

    Duas Histórias 3

    O Motivo das Histórias 7

    Mas o que é Conexão Afinal? 10

**Capítulo 2 Como funciona
o comportamento e a comunicação** **13**

    Seu Cliente é um Iceberg (e Você Também) 15

    O Poderoso Chefão 19

**Capítulo 3 Funcionamento do cérebro
para a decisão de compra** **25**

    Os 3 Cérebros e o Capanga da Confiança 27

    O Capanga do Bem Querer 33

    O Cérebro Racional 35

**Capítulo 4 Como conquistar
o cérebro da confiança** **41**

    Técnicas e Estratégias 43

    Postura Mental para Conquistar o Cérebro da Confiança 46

Capítulo 5 Como conquistar o cérebro do bem querer **53**

Técnicas e Estratégias Parte 1 55

Técnicas e Estratégias Parte 2 62

Capítulo 6 Linguagem corporal e rapport **67**

Seu Corpo faz Parte do seu Poder Pessoal 69

Outras Formas de Rapport 75

Fixando a Importância do Estado de Espírito 77

Capítulo 7 Outros comentários, resumo e ações **81**

Outros Comentários 83

Resumo 87

Ações Práticas 89

Conclusão **91**

Por Favor, Deixe uma Avaliação...........93

Outros Materiais para Estudo **95**

Sobre o Autor **101**

Outros Recursos **105**

Bibliografia **109**

Capítulo 1
Conexão

*"Você é totalmente perfeito e seu sucesso na vida será
diretamente proporcional à sua habilidade
de aceitar esta verdade sobre você mesmo."*
(Dr. Robert Anthony)

Fred Graef

Duas Histórias

Primeira história.

Lembro de uma das minhas consultorias numa Imobiliária. Eu estava fazendo um trabalho de mentoria e treinamento comercial com todos os vendedores (corretores).

Durante as reuniões um dos corretores (vou chamá-lo aqui de Antônio) se destacava pela participação e pelo conhecimento de imóveis. Além disso, ele era respeitado por seus colegas, pois tinha um grande conhecimento sobre o mercado, concorrência e questões relativas a contratos e financiamentos.

Só tinha um problema. Ele não conseguia fechar os negócios com os clientes.

Quando fui conversar com o proprietário da imobiliária para entender melhor o diagnóstico ele foi categórico. "O Antônio não consegue se conectar com as pessoas. Ele passa as informações. Atende de uma forma super profissional. Só que não dá 'liga', não dá química com os clientes".

Nesta mesma imobiliária tinha a Beatriz. É claro que estou alterando os nomes das pessoas. Lembro que quando comecei o trabalho de mentoria e treinamento com a equipe, a Beatriz afirmava que precisava conhecer mais sobre imóveis. Ficava dizendo que precisava estudar mais os detalhes dos produtos, sobre legislação, financiamentos etc.

Bem, no final do trabalho de mentoria e treinamento, quem você acha que estava vendendo mais? Acertou! A Beatriz.

Quando perguntei ao dono da imobiliária sobre a visão dele sobre o fenômeno, veio a constatação. "Ah Fred, a Beatriz tem uma capacidade de conexão impressionante com os clientes. A gente percebe que os clientes confiam e gostam muito dela. Por isso ela fecha mais contratos".

Segunda história.

Fui visitar uma empresa para apresentar um trabalho de Consultoria para Gestão Comercial. Visitei com um parceiro de negócios. Deixei para ele conduzir a reunião com o prospect pois ele tinha o relacionamento.

Conversamos primeiro com a Gerente de RH. Ela nos passou um briefing sobre a situação dos gestores e os desafios de cada um deles. Nos falou sobre o perfil e características do Diretor Geral. Falaríamos com ele em seguida para mais informações a respeito do trabalho de consultoria.

Fomos para a reunião com o Diretor Geral juntamente com a Gerente de RH. Meu amigo, com toda a habilidade e desenvoltura, foi conversando com o

Diretor. O Diretor passou muito da situação da empresa e da equipe comercial. Abriu inclusive várias informações estratégicas da empesa.

Quando saímos da reunião, fomos conversar novamente com a Gerente de RH. Qual a maior surpresa dela? Como meu amigo tinha conseguido extrair tantas informações e ter feito o Diretor falar tanto? Ela nos informou que ele era um camarada mais reservado e muito tímido. Só que na reunião conosco compartilhou informações de uma forma que ela nunca tinha testemunhado.

O Motivo das Histórias

Por que te contei estas duas histórias?

Quero mostrar que, antes de qualquer coisa, para sermos campeões mundiais de vendas, precisamos primeiro ser ninjas em conexão.

E isso vale para qualquer tipo de venda. Você pode visitar clientes ou recebê-los em sua loja, escritório ou estabelecimento. Você pode vender por telefone, por Whatsapp ou por chat. O seu ciclo de vendas pode ser mais curto ou maior que um ano. Você pode trabalhar com vendas simples ou complexas. Para empresas ou para consumidores. O sucesso das suas vendas depende da sua capacidade de conexão.

Você pode ter o melhor produto ou serviço do mundo. Contudo, caso você dependa de uma interação com um cliente ou prospect, saiba que a conexão vai representar pelo menos 30% do sucesso da sua venda.

Digo isso porque nos casos de autosserviço, supermercados por exemplo, isso não vai acontecer. O cliente chega querendo comprar amaciante, achocolatado ou café. Nestes casos o que estou dizendo não se aplica. O marketing já fez todo o trabalho. Aqui a necessidade ou desejo já foram bem trabalhados e a venda se encaminha praticamente sozinha. São produtos realmente desejados pelo consumidor final.

Entretanto, nos outros casos em que temos um contato pessoal e precisamos persuadir o cliente ou lead, a conexão é o que define o começo do jogo. O cliente não vai comprar somente porque ele tem o desejo e a necessidade. A sua participação no processo é fundamental.

Minha esposa trabalha no Mercado Financeiro como Gerente de Contas de Empresas. Ela estava sendo sondada por um banco para ser contratada. O banco foi checar uma empresa que ela atendia para buscar referências.. E esta empresa não tinha negócios com este banco há muito tempo.

O dono da empresa disse que não fazia negócios com o banco pois não tinha gostado do comportamento do banco em negócios no passado. Mas disse que se minha esposa fosse contratada, por conta da conduta e atitude dela, voltaria a fazer negócios com o banco.

Este é mais um exemplo da importância da conexão e do relacionamento.

Mas o que é Conexão Afinal?

Conexão é a sua capacidade de ser confiável e de despertar o bem querer nos corações e mentes de todas as pessoas com quem você se relaciona no cliente ou lead.

Quando uma pessoa tem boa conexão com você, ela confia e gosta de você, nesta ordem (primeiro confiar e depois gostar).

Quando falamos de vendas relacionais (que possuem a intervenção de um ser humano), mesmo que não tenhamos a consciência, compramos de quem confiamos e gostamos. É um processo não racional, mas que governa o nosso comportamento. Simples assim.

Pode ser qualquer tipo de venda que tenha uma interação humana. Comércio, serviços ou B2B (business to business). Você pode ser um atendente no comércio ou vender turbinas ou sistemas para a NASA.

Você pode inclusive se relacionar com 5 pessoas de um comitê de compras numa empresa. Além de saber muito sobre os produtos ou serviços que você vende, sobre mercado, concorrência, legislação etc, você vai precisar ser craque em conexão (ser confiável e bem quisto por todas elas).

A boa notícia é que a competência de se conectar com clientes e leads pode ser aprendida e treinada. Você pode desenvolver!

E então, você gostaria de se tornar um ninja em fazer conexão com as pessoas?

Aumentar a probabilidade das pessoas confiarem mais e gostarem mais de você? E com isso aumentar em muito as chances de você fechar os negócios?

Imagino que sim! Nas próximas páginas vou passar ferramentas e técnicas para que você possa se tornar campeão mundial em conexão. Só que antes preciso te falar sobre o nosso comportamento e sobre o funcionamento do cérebro.

Capítulo 2
Como funciona o comportamento e a comunicação

*"Se a dúvida está te desafiando e você não agir,
as dúvidas crescerão. Desafie as dúvidas com ação e você
crescerá. Dúvida e ação são incompatíveis."*
(John Kanary)

Fred Graef

Seu Cliente é um Iceberg (e Você Também)

Nosso comportamento é governado pelo nosso inconsciente. Segundo as pesquisas, apenas 10% do comportamento humano é governado pelo consciente. Os outros 90% são governados pelo inconsciente. Alguns estudos apresentam esta relação com 5% e 95%.

É aquela figura clássica do iceberg.

Imagine um iceberg.

Tem a parte de cima da água. Esta corresponde ao consciente. Já o inconsciente, os 90%, corresponde à parte debaixo da água.

A neurociência nos diz que o nosso cérebro processa 2 milhões de informações por segundo. Sim, você leu certo. São informações desde o batimento cardíaco, passando pela produção de neurotransmissores, crescimento capilar, o que você vai fazer amanhã, se você é amado ou não, se acredita na sua capacidade ou não, o que significa sucesso etc.

Enfim, a máquina cerebral está sempre processando.

E isso tem tudo a ver com vendas! Quando você esta na frente de um cliente ou prospect, você precisa ter a consciência de que milhares de informações estão sendo captadas pelo cliente. E ele não tem consciência disso. Ele até pode saber disso (supondo que ele tenha lido este livro ou tenha estudado neurociência).

Porém ele não vai conseguir identificar quais são exatamente as informações que estão sendo absorvidas pelo próprio inconsciente.

Pois bem, agora que você sabe desta informação sobre o processamento mental inconsciente do seu cliente, vamos falar de comunicação.

As pesquisas na área da comunicação nos informam que quando estamos interagindo com alguém, o que menos a pessoa capta em termos de informação é o que estamos dizendo. Como assim Fred?

É o seguinte. Muito mais importante do que "o que você fala", "é como você fala". Lembra dos 2.000.000 de processamentos do cérebro por segundo? Pois é, o cérebro do seu cliente está muito mais focado no seu corpo, na sua fisiologia e na sua voz do que propriamente nas suas palavras.

Os estudos na área da comunicação nos dizem que, da mensagem recebida e captada pelo cérebro do seu interlocutor (e pelo inconsciente dele), 55% é representada pelo fisiologia e corpo, 38% pela voz e 7% pelas palavras.

Perceba como muito pouco é representado pelas palavras!

Devemos então cuidar muito mais da forma (fisiologia e tom de voz) que usamos em nossa comunicação do que das palavras propriamente ditas.

Daqui a pouco quando eu te falar do funcionamento do cérebro e sobre como ganhar mais confiança e bem querer do cliente, vamos juntar estas informações todas e tudo vai fazer mais sentido para você.

Continue a leitura porque você vai se tornar ninja em conexão!

O Poderoso Chefão

Agora vamos falar de forma mais concreta sobre como funciona a questão da confiança e do bem querer na mente inconsciente do seu cliente.

Você assistiu a série "O Poderoso Chefão"? É uma trilogia que no primeiro filme Marlon Brando era o protagonista e nos outros 2 filmes da série quem atuava era o Al Pacino.

É a história de um mafioso.

Quando alguém queria falar com o Poderoso Chefão (o mafioso), o que acontecia sempre? Você precisaria passar pelos capangas antes!

Pense da seguinte forma: quando você vai vender, você quer conversar sobre as características e benefícios do seu produto ou serviço, não é mesmo?

Quem está atento a este tipo de informação é o Poderoso Chefão. Só que para que ele esteja aberto e receptivo ao que você quer dizer a ele (vender para ele), ou perguntar (para levantar necessidades e dores), você precisará necessariamente ter sido validado por 2 capangas: o da confiança e o do bem querer.

Se você tiver alguma ressalva (crítica) por parte destes 2 capangas, você até pode falar com o Poderoso Chefão, só que os capangas vão ter cochichado no ouvido do chefe algo como "fica esperto chefe, este cara não é confiável". Ou algo tipo "chefe, esse cara se acha ... Ele pensa que é o rei da cocada preta. Não vamos fazer negócio com ele".

É claro que estou usando uma metáfora com você!

Estou te contando esta história porque daqui a pouco vou te explicar sobre os nossos três cérebros e como vender para eles. São os cérebros da sobrevivência, o emocional e o racional.

Na história do Poderoso Chefão (Don Corleone), ele é o mais importante.

Só que em vendas não. Os capangas na verdade são mais importantes que o chefe.

Veja, aqui muitos vendedores cometem erros! Eles pensam que o que vai interessar o cliente é o preço, a relação custo benefício, as vantagens, características e benefício do produto ou serviço!

Ledo engano? Lembra quando eu te falei do iceberg?

Então, agora tudo começa a fazer mais sentido, não é mesmo?! Milhares de processamentos estão ocorrendo na cabeça do cliente ou prospect enquanto você interage com ele. E 90% (no mínimo) é inconsciente.

Você está ali, vendendo, defendendo a sua oferta e comentando sobre uma série de aspectos relativos ao produto ou serviço. De repente você está apresentando as funcionalidades. Ou está argumentando e contornando objeções. Só que você deve lembrar que está falando com a parte racional. Aqui muitos vendedores perdem o jogo. Eles pensam que o Don Corleone (parte racional) é quem manda. Mas não é!

Quem define muito mais a decisão de compra são os outros 2 capangas! Eles preparam o território!

A questão é que o nosso cliente talvez nem saiba o que ocorre em seu cérebro. E isso não é um problema.

Mas nós precisamos ter a consciência de que todas estes processamentos de verificação (confiança e bem querer) estão em andamento.

Sei que pode parecer muito técnico o que estou dizendo até aqui mas dedique-se pois os teus resultados em vendas vão no mínimo duplicar depois que você entender e aplicar isso tudo que estou compartilhando.

Só para mencionar, recebo muitos questionamentos de clientes e alunos sobre como fazer para fechar mais vendas.

Eu sempre repondo que para fechar mais precisamos começar certo! Precisamos abrir a venda corretamente.

Abrir a venda corretamente é cuidar muito bem da conexão, da química com o cliente ou prospect.

Por isso é que você precisa ter estas noções de consciente, inconsciente, comunicação e funcionamento do cérebro.

Estamos juntos? Então vamos em frente que daqui a pouco vou te falar na prática como conquistar a confiança e o bem querer do seu cliente.

Capítulo 3
Funcionamento do cérebro para a decisão de compra

*"A maior descoberta de minha geração
é que os seres humano podem modificar
suas vidas apenas mudando suas atitudes mentais."*
(William James)

Fred Graef

Os 3 Cérebros e o Capanga da Confiança

Todos nós possuímos 3 cérebros. É a chamada Teoria Trina do Cérebro. Veja abaixo a imagem dos 3 cérebros.

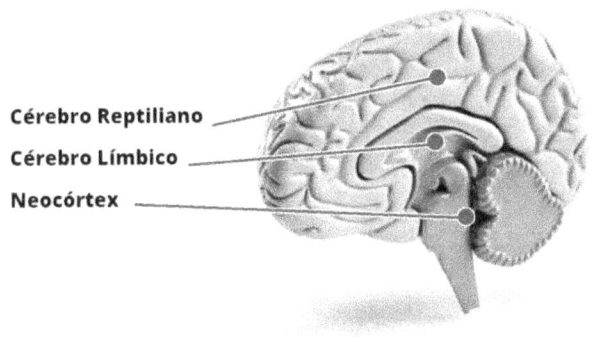

Temos um cérebro mais intuitivo (de sobrevivência), um cérebro emocional e um cérebro racional.

O intuitivo é o reptiliano. Este cérebro está no prolongamento da coluna vertebral e é responsável pela nossa segurança. Este é o capanga da confiança.

Este cérebro sempre vai entrar em funcionamento quando você conhece um prospect. Ou quando você conhece alguém do time do cliente (da empresa do cliente).

O processamento deste cérebro leva até uns 10 segundos no máximo. Tenho certeza que você sabe do que estou falando. Quando você encontra uma pessoa, garanto que em até 10 segundos já tem uma opinião dela.

Em até 10 segundos você já sabe se "foi com a cara ou não", não é verdade? Isso tem a ver com este nosso cérebro primitivo. No passado (milhares de anos), nossos ancestrais precisavam ler rapidamente o ambiente e as pessoas com quem tinham contato para saber se eram confiáveis ou não.

Em resumo, o que o reptiliano pergunta "este sujeito é confiável ou não?". "Oferece algum risco para mim ou não?".

E lembre-se, isso tudo está rolando no inconsciente do seu prospect (na parte debaixo do iceberg).

Por isso é que não adianta sair vendendo imediatamente! Este é um dos maiores erros que um vendedor pode cometer. Você precisa saber conduzir "preliminares".

E aqui não estou falando daquela ideia de quebrar o gelo. Tem gente que pensa ... "ah, eu sei Fred, eu preciso quebrar o gelo com o cliente antes ...". É muito mais do que isso!

Ou nunca aconteceu com você de querer puxar assunto com um prospect e o camarada fica monossilábico do outro lado? O sujeito se torna seco e só responde "sim, talvez, não etc".

Quando isso acontece é porque a gente não cuidou direito da conquista da confiança. Por hora, entenda que isso que estou dizendo representa muito mais do que simplesmente quebrar o gelo.

É muito mais do que apenas perguntar sobre as fotos que estão na parede ou na mesa do cliente. Ou sobre algo pessoal que está usando, só para criar um vínculo.

Os clientes, compradores e prospects estão preparados para este tipo de situação. Eles não vão querer muita intimidade para que não seja criado o vínculo.

E como nós vamos resolver esta situação?

Nós vamos usar os aspectos da comunicação que mencionei para você antes. As questões relativas à fisiologia e voz. Lembra dos 55%, 38% e 7%? São nestes aspectos que vamos focar as nossas técnicas.

Outro ponto importante que preciso destacar para você é o automatismo humano. Ou seja, nossos 3 cérebros funcionam como um computador.

Quando você liga um computador ocorre o "boot" (a inicialização), não é mesmo?

O "boot" é a máquina rodando os procedimentos iniciais. Conosco é a mesma coisa. Quando você conhece alguém, não adianta você já querer ir direto ao ponto e falar da venda ou do produto. Não adianta! O "boot" ainda está rodando.

Quando você liga o computador, você não consegue imediatamente abrir o Word ou o Excel e sair digitando um texto ou produzindo uma planilha.

Com o cérebro humano o raciocínio é o mesmo.

Ufa! Bastante coisa para te falar do capanga da confiança. Mas lembre-se: todas estas informações são fundamentais para você se tornar um ninja em vendas!

E como fazer para conquistar o reptiliano? Daqui a pouco te conto.

O Capanga do Bem Querer

O segundo capanga é o cérebro do bem querer. Este capanga vai dizer se a pessoa gosta ou não da gente. Este é o cérebro límbico.

O processamento do límbico leva de 10 segundos a 4 minutos. Na média em até 2 minutos ele já tem o diagnóstico. "Fred, isso significa que eu preciso ficar 4 minutos conversando com o cliente para conquistar o límbico dele?". Não. Às vezes em até 1 minuto você pode atingir o objetivo. Isso vai depender da sua desenvoltura e do perfil do seu interlocutor. Cada caso é um caso.

Lembra que eu te falei do "boot"? Pois é! Isso é o que vai estar ocorrendo na cabeça do seu prospect ou cliente quando você inicia uma conversa com ela, seja de forma presencial, vídeo conferência, telefone, chat etc.

Tenha em mente o seguinte: o límbico sempre está em funcionamento. Como assim Fred? Você pode ter um cliente ha 20 anos. O límbico vai estar sempre checando se gosta de você.

Diferentemente do reptiliano, que só funciona para prospects ou para pessoas novas que você venha a conhecer, o límbico funciona sempre.

Parece brincadeira mas não é! Precisamos estar sempre conquistando o bem querer do cliente.

E como fazer para conquistar a simpatia? Daqui a pouco te passo as dicas.

O Cérebro Racional

Chegamos ao Neocórtex.

Depois que conquistamos e fomos validados (aprovados) pelos 2 capangas é que podemos falar mais diretamente sobre vendas.

Mas por favor, me entenda bem! Quando estamos falando com o reptiliano e com o límbico, estamos vendendo também! Estamos vendendo para a parte de baixo do iceberg. E, na verdade, esta é a parte mais importante da venda.

Muitos vendedores cometem o erro de não entender este processo e, por conseguinte, não focam na construção da conexão.

Saber conquistar o reptiliano e o límbico também é vender. E na verdade, é o pilar principal da venda.

Não cometa o erro de acreditar que você está vendendo apenas quando está falando do produto ou serviço, ou quando você está fazendo perguntas de sondagem para entender quais as necessidades do cliente.

Estou falando destes aspectos relacionados à racionalidade porque este é o terreno do Neocórtex. O Neocórtex é que faz análises de custo, benefícios, vantagens, desvantagens, perdas, ganhos, análise de preço etc.

Ratifico que um grande erro que podemos cometer ao vender é pensar que esta é a única área a que devemos dar atenção no processo de vendas.

Na verdade, como mencionei antes, precisamos dar mais atenção e foco nos capangas da confiança e da simpatia.

Pensar que a venda é um processo lógico e racional é um erro.

Sempre pergunto nas minhas palestras e treinamentos se o processo de compra é mais racional ou mais emocional. Boa parte dos participantes ainda acredita que comprar é algo racional.

Ledo engano! Fartas pesquisas na neurociência e na psicologia de compra dão conta que todas as nossas decisões são emocionais, mesmo que você venda B2B, commodities ou turbinas de avião. Inclusive, se a área emocional do cérebro estiver danificada (límbico), uma pessoa não consegue sair do ciclo eterno de uma decisão binária. Por exemplo, entre escolher um suco de laranja ou de uva. A pessoa simplesmente não decide!

Portanto, não supervalorize o Don Corleone (Neocórtex). No filme ele é o Poderoso Chefão. No mundo das vendas e dos relacionamentos humanos não.

Os cérebros primitivos (reptiliano e límbico) é que comandam o show.

É claro que o Neocórtex vai ter influência. Mas a sua participação no Processo de Compra é menor.

Entenda que a Conexão representa pelo menos 30% do Sucesso da Venda.

Todas as outras etapas (Levantamento de Necessidades, Apresentação, Negociação) e Fechamento – e que são atividades do Neocórtex) vão representar mais uns 50% no Processo.

Os outros 20% vêm da necessidade do cliente e do marketing (despertar do desejo).

Estas estatísticas são fruto da minha experiência e têm a ver com produtos e serviços que necessitam da interação humana para o fechamento.

Não é o caso, por exemplo, de achocolatado, café, amaciante de roupas etc, ou seja, produtos que são praticamente autosserviço.

Fred Graef

Capítulo 4
Como conquistar o cérebro da confiança

"Obstáculos são aquelas coisas assustadoras que você vê quando desvia seus olhos de sua meta."
(Henry Ford)

Fred Graef

Técnicas e Estratégias

Para conquistar o reptiliano, você vai precisar de mais atenção e foco no início das suas conversas de vendas.

Não precisa aprender nenhuma técnica da 'NASA'.

Só que há detalhes muito importantes a observar! Um grande sábio já dizia que "saber e não fazer" é o mesmo que "não saber". Quem sabe (ou quem é sábio), faz.

Para conquistar o primeiro capanga, use as seguintes técnicas abaixo.

→ Aperto de mão firme (nem quebra ossos nem frouxo).

→ Mantenha o olhar conectado com a pessoa na sua frente por pelo menos uns 8 segundos.

→ Sorria!

→ Se possível, pronuncie o nome da pessoa pelo menos uma vez. Sei que no comércio isso não é tão fácil assim porque muitas vezes iniciamos o atendimento sem nos apresentar (o que não é um problema no comércio) e sem perguntar o nome da pessoa. No começo de um atendimento no comércio pode parecer muito intrusivo eu já sair perguntando o nome da pessoa. Pode quebrar a Conexão. Cabe trocarmos os nomes perto da hora em que o cliente, por exemplo, vai experimentar o produto.

Simples não é mesmo? Mas é muito mais simples falar do que fazer.

Vejo muitos vendedores pisando na bolando nesta etapa da venda.

Na verdade, gostaria agora que você estivesse num dos meus treinamentos (presenciais ou online) ou numa das minhas palestras para que eu pudesse demonstrar a você como fazer a conquista do reptiliano.

É uma questão de você literalmente fazer contato com a pessoa. Neste mundo louco em que vivemos, as pessoas pouco se conectam.

Então aqui você vai querer ser amistoso, sorrir de uma forma agradável, olhar para a pessoa e cumprimentá-la. Você vai querer de fato sintonizar com a pessoa, sentir e receber a energia dela.

Você com certeza tem esta experiência na sua vida. Você percebe quando uma pessoa está na sua frente querendo servir e ser solícita. Este é o espírito para o Reptiliano (o cérebro da confiança).

No comércio vale a mesma energia. O que talvez só não aconteça em muitos casos seja o cumprimento de mão.

Postura Mental para Conquistar o Cérebro da Confiança

Muito da sua conexão depende da sua energia. Por energia quero dizer tudo que você está emitindo e que o inconsciente do seu cliente percebe. E o que você emite, mesmo que não queira? Seus pensamentos e sentimentos. Lembra quando eu te falei do iceberg e dos 2 milhões de informações por segundo? Pois é ... Isso tudo é a sua energia que está sendo percebida pelos capangas do seu cliente. É um jogo inconsciente e que é percebido pelo inconsciente do seu cliente ou prospect.

Perceba como a sua mentalidade, o seu padrão de crenças e os pensamentos que você nutre impactam diretamente o seu nível de vendas.

Caso você queira aprender mais sobre crenças, tenho vídeos no YouTube a recomendar para você.

Crenças Limitantes - O Que São e Como Descobrir

youtu.be/9hZgCeSq-IM

Crenças

youtu.be/0HBf8FrbusA

Por hora, saiba que a forma que você pensa determina como você se sente. E como você se sente determina o que você faz e como você se comporta. E o que você faz e como se comporta define os seus resultados.

Para que você tenha uma excelente conexão com o cliente ou prospect, precisamos dos pensamentos corretos.

Um deles é acreditar que vender é servir. Deixa eu explicar.

Muitas pessoas não fecham mais vendas porque estão muito ansiosas por fechar. Isso acontece quando o foco está na venda e não no cliente.

Quando estamos focados na venda, tendemos a ser mais agressivos, mais contundentes. Estamos pensando mais no dinheiro e nos resultados. Não tem nenhum problema com isso.

O problema é a ênfase e a prioridade que você dá nessa energia. Se você priorizar estes pensamentos, o cliente vai sentir. E vai escapar. Você não vai vender.

As pessoas gostam de comprar, e não que as coisas sejam vendidas para elas. É importante você ter este conhecimento em mente e colocar em prática quando estiver com seus clientes ou prospects.

Neste momento quero que você tenha esta consciência para que possa fazer a melhor Conexão possível (representa pelo menos 30% do sucesso em uma venda).

Então, tenha em mente o pensamento de servir. Pense que vender é servir. Pense que vender é ajudar a pessoa a resolver um problema, satisfazer uma necessidade, uma dor ou um desejo. E seja grato pela oportunidade de poder ajudar as pessoas. Quanto mais ajudarmos, mais o Universo nos ajuda.

Tenha esta mentalidade (Mindset) e a conquista do Reptiliano vai subir e muito.

Confie na minha experiência. Quando você entra em contato com o cliente ou prospect a partir desta mentalidade, os capangas dele vão perceber e vão validar (aprovar) para o Don Corleone que você é confiável.

Portanto, não vai adiantar apenas você cumprir mecanicamente as técnicas que mencionei há pouco (sorriso, aperto de mão etc).

Você vai precisar ter a mentalidade correta de servir e ajudar, com foco no cliente. Essa forma de pensar influencia tudo em você. Seu corpo, sua fala, seu olhar. É a sua energia. E tudo isso está sendo percebido pelos capangas, principalmente o do reptiliano.

Se o reptiliano do cliente sentir algum cheiro de você do tipo "preciso vender", "este cara tem que comprar", "vou dobrar este cara", você vai perder a venda.

Muitas filosofias de vendas ensinam esta questão de "ir para cima do cliente", "forçar a venda", "ser agressivo", "precisa ser fechador" etc.

Pensar assim é tiro pela culatra. Lembre-se: o cliente gosta de comprar, não de que vendam para ele.

E por favor, me entenda bem ...

É claro que queremos ser fechadores. Vamos sim pedir para fechar e vamos sugerir fechar. Só que com a energia correta. Uma energia do tipo "acredito que isso vai ajudar você mesmo".

Quando entramos numa venda com a energia que querer dominar, controlar e impor já começamos perdendo. Se você entrar desta forma em jogo, esqueça. Você não vai vender. Está é a energia do Foco na Venda. O cliente ou prospect vai sentir e o capanga do reptiliano vai avisar o sistema e o Don Corleone.

Fred Graef

Capítulo 5
Como conquistar o cérebro do bem querer

*"Primeiro fazemos nossos hábitos.
Depois nossos hábitos nos fazem".*
(John Dryden)

Fred Graef

Técnicas e Estratégias
Parte 1

Você já sabe que o segundo capanga é o cérebro do gostar e do bem querer.

Tendemos a gostar mais de quem? De quem é parecido com a gente.

Aquela ideia de que opostos se atraem não funciona em relacionamentos.

Então, você precisa se tornar um camaleão. Precisa ficar parecido com o cliente. Em PNL esta técnica é chamada de rapport (palavra de origem francesa que significa 'relacionamento').

Saiba que se tornar um camaleão é muito mais do que quebrar o gelo ou de forma rasa tentar encontrar afinidades com o seu cliente ou prospect.

Vai muito além de comentar sobre os quadros, diplomas ou fotografias que o cliente ou prospect tem nas paredes ou sobre a mesa de trabalho.

Lembre que os clientes gostam de comprar, mas não que as coisas sejam vendidas para eles. Portanto, as pessoas já estão vacinadas contra este tipo de estratégia usada por vendedores.

Lembro de já ter visitado várias empresas em que sou recebido em uma sala de compras. Paredes brancas, nenhum quadro nas paredes ou porta retratos sobre a mesa. Nenhuma possibilidade de criação de vínculo. Além disso, negociadores monossilábicos. Sem possibilidade de conversar muito sobre futilidades ou amenidades.

Perceba que cada vez os clientes e prospects, independentemente do perfil que você atende, estão mais treinados e conscientes para não criar vínculos com "quebra gelos".

Como fazer então?

Lembra quando eu te falei dos 55%, 38% e 7% na comunicação?

Pois é. Nós vamos usar estas informações da comunicação para conquistar o segundo capanga.

Você vai precisar ter algumas perguntas abertas em mente para inícios de conversas com clientes e prospects.

Perguntas abertas são diferentes de perguntas fechadas. Estas são perguntas cujas respostas são um simples "sim" ou "não". Exemplos ... Você tomou café hoje? Almoçou? Foi fácil encontrar o nosso endereço? Já conhecia a nossa loja?

No lugar de perguntas fechadas, você vai querer fazer abertas para que o cliente possa falar bastante. No começo da conversa de vendas (primeiros 2 minutos pelo menos), o ideal é que ele fale uns 80% do tempo e você o restante.

E por quê?

Porque você vai usar o seu corpo para fazer rapport (Conexão). Daqui a pouco te explico mais. Você vai querer ter tempo, atenção e dedicação para observar os movimentos do corpo e a voz do cliente a fim de que você se torne um camaleão e fique parecido com o cliente. Na PNL esta Técnica é chamada de Espelhamento.

Preste muita atenção com o Espelhamento. Daqui a pouco passo dicas mais específicas.

"Fred, o rapport é só com o corpo e a voz?". Não. Você pode fazer rapport através de ideias também. Estamos falando de valores e crenças (opiniões e convicções). Só que para que você comece a falar sobre, por exemplo, valores como família e empreendedorismo com seu cliente, é fundamental que você de fato comungue dos mesmos valores e crenças. Lembre que o inconsciente do outro possui um radar para perceber falta de congruência da sua parte. É um processo inconsciente e a outra pessoa "sente" a sua energia.

Muito bem, mas qual a melhor forma de fazer rapport e aplicar a Técnica do Espelhamento? Usando o seu corpo. E aqui voltamos à importância das perguntas abertas. Gosto também de chamar de Perguntas de Rapport. Elas são importantes porque fazem o cliente e o prospect falar mais que você.

Qual o efeito prático disso? Sobra mais tempo para você observar: o movimento do corpo, a fisiologia e o padrão da voz (altura, velocidade, tom etc) do outro. E a partir destas informações você pode praticar a sua competência de "ser camaleão". Você vai espelhar (acompanhar) e se assemelhar ao seu interlocutor para impulsionar o bem querer por parte dele.

"Ok Fred, mas que tipo de perguntas abertas posso fazer?"

Suas perguntas abertas podem ser mais profissionais (formais) ou informais. Quanto às formais, podem ser perguntas relativas ao produto, serviço ou mercado.

Exemplos se você está visitando uma empresa ... "Qual a previsão de vocês sobre a economia para este ano? Que estratégia de negócios vocês tem utilizado e por quê? Quais os pontos que levaram à decisão de ter aberto mais uma unidade?"

Caso você esteja recebendo o cliente em sua loja, depois dos cumprimentos iniciais, você já pode ir fazendo perguntas abertas direcionadas para alguns produtos, por exemplo: "Qual a sua opinião sobre ABCD e por quê?" ou "antes de eu te mostrar algumas opções, qual a tua opinião sobre XPTO?". Evidente que serão perguntas conectadas com o contexto (produto, mercado etc).

Percebeu a sacada? Você vai querer fazer perguntas abertas para que o cliente fale mais e você tenha tempo de observar os movimentos do corpo e a voz dele (55% e 38%).

E aqui eu comentei sobre situações de clientes mais formais ou fechados. É claro que felizmente clientes mais flexíveis e mais brincalhões vão aparecer na sua frente possibilitando que você faça rapport de uma forma mais leve e descontraída.

Portanto, mais importante do que tentar o tradicional quebra gelo com o cliente é você utilizar o corpo e a voz para conquistar o segundo capanga e, na medida do possível, encontrar pontos de vínculo ou sintonia. Busque semelhanças.

Técnicas e Estratégias
Parte 2

A sua principal ferramenta de rapport (Conexão) será o Espelhamento (Técnica) com o corpo.

Lembra que eu te falei sobre o iceberg, a parte do inconsciente e os 2 milhões de processamento por segundo? Pois é, tudo vai estar em jogo aqui na hora de fazer rapport com o límbico.

Em termos de corpo, o cérebro do seu cliente identifica ritmo, frequência, velocidade e espaço (entre outros).

Então, você precisa ficar parecido, não igual. Chamo isso de acompanhamento. Acompanhamento é diferente de imitar. Você vai querer ficar parecido, mas não igual.

Se o cliente se inclina para esquerda, você espera uns 2 ou 3 segundos e se inclina para a esquerda também (da sua maneira).

Se o cliente coça o queixo, você pode coçar o ombro. Lembra que eu te falei de semelhança e ritmo?

Você nota que o cliente começa a balançar a perna. Você pode começar a balançar o dedo. Mais um exemplo de semelhança por ritmo e frequência.

O cliente dá um sorriso? Você sorri também.

Se ele levanta uma das sobrancelhas, você espera uns 3 ou 4 segundos e levanta a sobrancelha também.

Pegou o espírito? Por isso é que você precisará ter perguntas abertas. Assim você faz o seu cliente falar e tem tempo para observar e acompanhar os movimentos do corpo dele. Este processo é o espelhamento do corpo.

E só lembrando, fique tranquilo que este processo vai levar de 10 segundos a 4 minutos no máximo (na média, uns 2 minutos).

Tenha muita, mas muita atenção mesmo no corpo, fisiologia e voz do seu cliente ou prospect !!! Aqui você está conquistando o segundo capanga. Uma vez validado e com o aval, o Don Corleone vai ouvir você e suas perguntas de vendas ou apresentações com toda a atenção.

Vamos seguir.

Depois do corpo e fisiologia (55% da comunicação), você vai acompanhar (espelhar) a voz do cliente (38%).

E o que significa acompanhar a voz do cliente? Não estamos falando de ter ou usar uma voz artística ou mais bela. Estamos falando de espelhar a voz.

E como se faz isso?

Se ele fala mais alto, você fala mais alto. Se ele fala mais baixo, você fala mais baixo. Se a fala é mais rápida, você também acelera. Se ele fala mais lentamente, você acompanha o ritmo. E assim por diante. Note a velocidade da fala. A melodia. O ritmo. O sotaque inclusive. E fale parecido.

Lembro de uma empresa em que treinei o pessoal do call center deles. As vendedoras chegaram a ajustar o sotaque para falar com os clientes. E as vendas subiram! É claro que você vai adotar o bom senso no caso de escolher espelhar o sotaque.

Ter atenção à voz também é muito importante, dado que ela representa 38% da comunicação pelo inconsciente do outro (seu cliente).

Por fim, para você ficar ainda mais ninja no rapport, você pode recorrer às palavras (7% da comunicação).

Para fazer isso, use as mesmas palavras e expressões do cliente. Se ele fala *"know how"*, ache uma forma de falar *"know how"* também. Se ele fala "criançada", ache uma forma de falar "criançada" também. Se ele fala "processo", use "processo" na sua fala. E assim por diante.

Quando falamos as mesmas palavras (você e eu), nosso rapport aumenta. O mesmo vale para o seu cliente ou prospect.

Capítulo 6
Linguagem corporal e rapport

"Daqui a um ano, você vai desejar ter começado hoje".
(Karen Lumb)

Fred Graef

Seu Corpo faz Parte do seu Poder Pessoal

Precisamos prestar muita atenção em alguns movimentos do corpo.

Por exemplo, braços cruzados.

Quando uma pessoa cruza os braços na sua frente, isso não quer dizer necessariamente que ela esteja resistente ou refratária ao que você está dizendo. Ela pode estar simplesmente cansada.

Se o cliente for uma pessoa auditiva (canal sensorial predileto), é bem provável que além de cruzar os braços, ele ainda desvie o olhar e olhe para baixo ou qualquer outro lugar que não os seus olhos.

Pessoas auditivas muito provavelmente terão este comportamento.

Fazem isso para se concentrar mais no que você está dizendo. Olhar para os seus olhos enquanto você fala sobrecarregaria os canais sensoriais dela. Diferente de uma pessoa visual, que vai preferir olhar para você.

E não julgue. Não existe perfil melhor ou pior.

Aliás, uma das coisas que você precisa se monitorar é para não julgar seus clientes. Não fique pensando que eles são isso ou são aquilo. Ao fazer isso, seu julgamento corta o rapport.

Lembra que eu falei sobre o iceberg e os 2 milhões de processamentos por segundo? Pois é, não fique achando que você é o mais esperto do planeta. Não pense que seus pensamentos não aparecem no seu corpo. Pense no detector de mentiras. Sempre o seu corpo vai manifestar a sua energia (pensamentos e sentimentos). Portanto, nem que seja num nível inconsciente, seu cliente percebe o seu julgamento.

Julgamento é um dos maiores detonadores do rapport.

Como você se sente quando está sendo julgado? No mínimo incomodado, não é mesmo? E o que você acha que acontece com o rapport? Vai para o espaço com certeza!

O que fazer então?

Com relação ao pensamento (julgamento), use o seu diálogo interno. Você pode dizer "pare de julgar Pedro" (se você se chama Pedro, por exemplo). Literalmente comece a conversar com você dentro da sua cabeça. Chamo isso de "autopalestra positiva".

Diga para você coisas como: "Somos todos irmãos". "Ninguém é melhor do que ninguém". "Eu respeito e aceito todas as pessoas". "Não sou melhor do que ninguém é ninguém é melhor do que eu". "Escolho ficar neutro e não julgar". "Quero ajudar você e agregar o máximo de valor que eu puder". E por aí vai...

Julgamento é uma das piores armadilhas para o rapport. Portanto, não julgue seu cliente.

Voltando ao caso dos braços cruzados, uma boa dica é você abrir mais o seu corpo para falar. Abra mais seus brações, deixe o seu corpo mais aberto. Se você estiver sentado negociando, procure sentar mais para a beira da cadeira e se aproximar mais da pessoa que está falando. Ao fazer isso, você ganha a confiança do seu cliente.

Outro movimento que ocorre quando você está vendendo ou negociando numa mesa é o cliente cruzar as mãos atrás da nuca. Fique tranquilo. Isso representa apenas que ele está tranquilo e sente que está dominando a conversa. Isso não é nenhum problema ok? Você prefere o cliente se sentindo assim do que desconfiado ou com receio da negociação ou venda. Aqui também você pode sentar mais para a beirada da cadeira e se aproximar do seu cliente. Trabalhe com o ego do cliente a seu favor.

Em termos de posicionamento do corpo, procure deixar sempre o seu plexo (região do peito) alinhado com o plexo do seu cliente, isto é, fique de frente para o seu cliente.

Claro, isso vai funcionar em vendas que o cliente faz contato ocular com você ou que você está numa mesa de reuniões. Este contexto é diferente numa loja, por exemplo. Às vezes o cliente está de frente para o expositor com as mercadorias e você está ao lado dele. Aí sem problemas. Você não vai puxá-lo pelos ombros e fazê-lo ficar de frente para você. Neste casos, procure falar mais lentamente e com um tom de voz um pouco mais baixo. Quando fazemos isso, chamamos a atenção das pessoas e o cliente tenderá a olhar para você, facilitando o seu rapport.

Quando você for apresentar o preço ou negociar com o cliente procure ficar sempre do lado direito dele (se ele for destro). Daí você vai dizer, "mas Fred preciso saber se o cliente é destro ou canhoto?". Na maioria dos casos os clientes serão destros, por isso que digo para você ficar à direita. Contudo, se você ficar à esquerda não há grande problema. Na hora de negociar ou apresentar preço você não deve ficar de frente. Ficar de frente resgata uma memória inconsciente de enfrentamento, como se fosse uma queda de braço. Você não quer que o cliente se sinta assim. Por isso, escolha ficar à direita dele.

Tenha cuidado com alguns conceitos que você encontra por aí tipo "se o camarada coçar o nariz é isso", "se inclinar para tal lado é aquilo", "fazer isso com a boca é aquilo outro" e etc.

Não estou dizendo para você não estudar estes padrões. Estou dizendo apenas para você não julgar.

Procure sempre se aproximar literalmente com o seu corpo e abri-lo também. Isso aumenta a probabilidade de você conquistar os 2 capangas do seu cliente. E claro, tenha bom senso. Procure não falar a 1 cm do rosto da pessoa. Saiba manter uma distância em que você percebe que o seu cliente se sinta confortável.

Outras Formas de Rapport

Existem várias outras formas de fazer rapport. Você pode fazer rapport com a respiração, por exemplo. Respirar na mesma frequência do seu cliente aumenta em muito a conexão.

Só que aí já estamos falando de mais especialização e treino em rapport. Você deve tentar? Com certeza! Mas deixe para experimentar depois que você ficar ninja no espelhamento com o corpo e com a voz e quando tiver evoluído no seu padrão mental para reduzir o volume de julgamento.

Definitivamente o espelhamento do corpo e da voz são as estratégias de rapport que mais funcionam.

Você também pode usar as ideias para fazer rapport. Pode falar sobre valores e crenças.

Valores representam tudo o que seu cliente valoriza. Por exemplo, o trabalho, a família, o empreendedorismo, a iniciativa, a prudência e a previdência.

Você pode fazer rapport com as crenças, aquilo que seu cliente acredita. Por exemplo, abundância, lei da atração, energia etc.

Só que para que você entre neste tipo de assunto você precisa estar já muito conectado. Percebe?

Por isso que aquela conversa de quebra gelo não funciona mais. Primeiro as pessoas se conectam num nível mais inconsciente, e depois entram em assuntos mais abstratos, aqueles que dizem respeito às ideias.

E por favor, evite os assuntos polêmicos: religião, sexo, política e futebol.

Fixando a Importância do Estado de Espírito

Como já falamos, o seu padrão de pensamento aparece na sua fisiologia e na sua voz. Pensamentos conscientes e inconscientes.

Muitos vendedores possuem um padrão de pensamento que pode detonar as suas vendas e o seu rapport. Esse padrão de pensamento se transforma numa energia de controle, de imposição, de domínio.

Estes comportamentos têm a ver com escolas e filosofias de vendas de que você precisa dominar o cliente. Se impor. Forçar o fechamento.

Contudo, se você entrar numa venda com ideias tipo "vou dobrar este cliente", "vou fazer este cara comprar de qualquer jeito", "eu preciso forçar a venda senão a coisa não acontece", saiba que você não vai vender.

O cliente ou prospect vai sentir esta energia e não vai fazer negócio com você. Esta energia aparece na sua fisiologia e na sua voz.

Como resolver este padrão de pensamento equivocado?

Treine sua mente para acreditar que vender é servir. Eduque a sua mente para pensar de forma útil. Como fazer isso? Naqueles 2 vídeos que indiquei para você sobre crenças em algumas páginas atrás eu falo sobre Academia Mental. A Academia Mental é uma ferramenta poderosa para programar a sua mente. Se você ainda não assistiu os vídeos, programe-se e assista assim que possível.

Também treine sua mente para se sentir grato em poder ajudar outras pessoas com seus desejos, necessidades e problemas. E você pode fazer isso através da sua prestação de serviços: vender.

Ao nutrir estes pensamentos e postura mental, sua habilidade em fazer rapport vai aumentar, e muito.

O cliente ou prospect vai perceber a sua energia pelo seu olhar, sua respiração e abordagem.

Fred Graef

Capítulo 7
Outros comentários, resumo e ações

"Nós somos o que fazemos repetidamente. A excelência, portanto, não é um ato, mas um hábito".
(Aristóteles)

Fred Graef

Outros Comentários

Atente para ser discreto e sutil. Boa parte da sua conexão virá da sua habilidade em acompanhar o corpo e a voz do seu cliente. Portanto, observe e espelhe.

Fique tranquilo com relação ao desenvolvimento desta habilidade. Muitos clientes e alunos me perguntam se vão conseguir se concentrar em fazer rapport e ainda lembrarem das perguntas abertas. E a resposta é "com certeza".

Você vai precisar praticar por pelo menos uns 30 dias. O rapport é como qualquer outra habilidade: guiar um automóvel, usar o computador, praticar um esporte etc. Saiba que seu cérebro é a máquina mais poderosa deste mundo. Quanto mais praticar, mais ninja você vai ficar em rapport.

Tenha atenção ao seu olhar. Existe uma diferença entre olhar nos olhos e ficar encarando. Tenho certeza que você sabe diferenciar. Cuide para não constranger o seu cliente encarando-o. Esse erro ainda ocorre porque alguns vendedores possuem aquela energia de domínio, de controle. Não permita que esta energia esteja em você quando estiver vendendo.

A cada 5 ou 6 segundos, olha para o produto, ou para suas anotações, ou para o lado. Não fique encarando o cliente 100% do tempo. E lembre-se de piscar também. Não piscar pode ser interpretado como intimidador por muitos clientes.

Quando o cliente estiver falando, procure fazer pequenos e suaves movimentos de sim com a cabeça. Bem suaves. Com este comportamento você demonstra a sua escuta ativa.

Junto com estes movimentos utilize um suave sorriso, quase imperceptível. Isso também ajuda no rapport. E de vez em quando, enquanto o cliente fala, use palavras e interjeições de escuta ativa para sinalizar que você está ouvindo. Exemplos: "sei, ok, entendo, vejo o que você vê" etc.

Sempre que o cliente terminar de falar, espere uns 2 segundos antes de responder ou comentar. Isso ajuda a manter o rapport. Demonstra respeito de sua parte. Mostra que você estava de fato ouvindo e não apenas esperando a sua vez de falar.

Caso você esteja vendendo sentado para o cliente, ou negociando sentado, aproxime seu corpo para a frente. Não fique com suas costas encostadas na cadeira, querendo dar um ar de tranquilidade e controle da situação. Ao contrário, desencoste da cadeira, mantenha as duas plantas dos pés sobre o chão, com os dois pés apontando para o cliente. Procure falar com as palmas das mãos abertas na direção do cliente, e sem gesticular muito.

Por fim, treine sua mente para você acreditar que o cliente ou prospecto na sua frente é seu amigo há muitos anos. Pense que vocês são camaradas tem muito tempo. Esse padrão mental aparece na sua fisiologia e na sua voz como amizade, hospitalidade e bem querer.

Resumo

- Vimos que devemos começar a vender (abrir a venda), não vendendo propriamente. Pelo menos não da forma que a maioria dos vendedores está acostumada. Devemos sempre começar pela construção do relacionamento.
- Aprendemos que o rapport representa pelo menos 30% do sucesso da venda.
- Na conquista do primeiro capanga (reptiliano), vale muito a sua energia (pensamentos e sentimentos) e o seu contato com a pessoa. Destacamos as técnicas para o relacionamento com o cérebro da confiança.
- Na conquista do segundo capanga (límbico), vale o acompanhamento do corpo e da voz. É a Técnica do Espelhamento.

- Abordamos mais uma série de dicas com relação à linguagem corporal.
- Falamos de muitos padrões de pensamento específicos a desenvolver e nutrir. Pense em ajudar e servir.

Ações Práticas

- Programe-se para reler este E-book pelo menos uma vez por mês. Faça isso até você se sentir ninja. Conexão e Rapport são as competências mais importantes para você desenvolver em vendas. Pela leitura regular deste conteúdo, o material vai entrando na "massa do sangue".
- Liste e estude pelo menos umas 10 perguntas abertas para o início de conversas com clientes. Você saber da importância de perguntar para que possa observar e assim espelhar.
- No caso de novos clientes, faça pesquisas prévias e monte outras perguntas de rapport específicas. Isso vai possibilitar que você possa observar e espelhar.
- Avalie diariamente de 0 a 10 a sua capacidade de criar rapport. Se não

conseguir num ritmo diário, pelo menos faça isso semanalmente. E a cada medição faça um pequeno plano de ação para melhorias. O que não é medido não é gerenciado.

- Peça feedback para colegas ou para o seu gestor sobre como está o seu rapport.

Conclusão

Preparei este material para você com muito cuidado e carinho. Espero que tenha gostado.

Trabalho com vendas há mais de 35 anos. Já vi e aprendi muita coisa nesta vida. Em termos de vendas, negociação e relacionamentos, acredito piamente que Conexão e Rapport são os aspectos mais importantes para que você tenha sucesso.

Estude a história e observe a vida ao seu redor. Você vai perceber que as pessoas mais bem sucedidas são ótimas em relacionamentos, Conexão e Rapport.

Portanto, minha sincera recomendação para você é que aplique tudo o que aprendeu neste livro.

Coloque em prática!

Siga as dicas e volte a estudar com frequência este material. Tenha a certeza de que será um dos melhores investimentos que você fará pela sua carreira.

Lembre-se que o sábio é quem faz e aplica, não quem sabe. Conhecimento sem aplicação não traz resultados.

Por Favor, Deixe uma Avaliação

Eu realmente espero que você tenha gostado deste livro. Eu ficarei muito feliz e agradecido se você postar uma avaliação sobre ele na Amazon.

Receber avaliações é muito importante para mim e quero muito saber o que você pensa sobre este livro.

Através dos seus comentários também posso saber se estou no caminho certo ou não, se este livro foi útil de verdade e se preciso fazer ajustes.

Se você gostou do livro, também ficarei muito feliz e grato por indicar a seus amigos e conhecidos.

Se você tem alguma critica ou sugestão que possa melhorar este livro ou encontrou algum erro, por favor envie um e-mail para <u>fred@fredgraef.com.br</u>.

Coloquei vários links e referências para você neste livro. Só que a Internet é dinâmica e as coisas podem mudar com muita rapidez. Portanto, se algum dos links não funcionar, também peço que me avise.

Um forte abraço! Desejo a você muito sucesso, prosperidade e felicidade na sua jornada.

Até o próximo livro!

Fred Graef
fredgraef.com.br

Outros Materiais para Estudo

Encontre a seguir outros recursos (vídeos e artigos) para aumentar seus conhecimentos em Conexão e Rapport.

ARTIGOS

Rapport em Vendas – Detalhes Importantes a Saber

fredgraef.com.br/blog/rapport-em-vendas-detalhes-importantes-saber/

Rapport em Vendas – As 12 Melhores Técnicas que Funcionam

fredgraef.com.br/blog/rapport-em-vendas-detalhes-importantes-saber/

Como Vender Mais Turbinando o Seu Rapport

fredgraef.com.br/blog/como-vender-mais-turbinando-o-seu-rapport/

Rapport – Como Usar Para Vender Mais Agora

fredgraef.com.br/blog/rapport-como-usar-para-vender-mais/

Conhece Esta Técnica para Vender Mais?

fredgraef.com.br/blog/rapport-tecnica-para-vender-mais/

Saiba Porque Você Não Pode Cometer o Erro de Julgar o Cliente

fredgraef.com.br/blog/saiba-porque-voce-nao-pode-cometer-o-erro-de-julgar-o-cliente/

VÍDEOS

3 Dicas de Linguagem Corporal para Você Vender e Apresentar Melhor

youtu.be/HbcDBJTyEm4

Técnicas de Vendas - Transição

youtu.be/KczyMO_Y9Bk

Você Sabe Praticar a Escuta Ativa em Vendas e Negociação?

youtu.be/hTkTHLyFT_0

PNL Dicas Práticas

youtu.be/r58uY9_c6cQ

Crenças Limitantes – O Que São e Como Descobrir

youtu.be/9hZgCeSq-IM

Crença Limitante – É Difícil

youtu.be/H0k3X_2_WZY

Academia Mental

youtu.be/ME7I6N4Edwo

_____

Fred Graef

Sobre o Autor

Meu propósito é empoderar as pessoas.

Para atingir esta missão trabalho com várias ferramentas: livros, cursos, palestras, consultorias e mentorias.

Com mais de 35 anos de experiência em negócios e gestão e mais de 10.000 alunos treinados, ensino sobre vendas, negociação, liderança, performance pessoal, desenvolvimento pessoal e espiritualidade.

Faço isso com o objetivo de nos tornarmos melhores seres humanos. Desta forma, acredito que estamos trabalhando no sentido do que Deus espera de nós.

Estudantes, empreendedores, gestores, vendedores, profissionais liberais e todos aqueles que buscam desenvolvimento pessoal e profissional vão encontrar em meus materiais conteúdo prático e transformador.

Acompanhe e se inscreva em nosso site, blog e redes sociais.

Site
fredgraef.com.br

Blog
fredgraef.com.br/blog/

LinkedIn Perfil
linkedin.com/in/fredgraef/

Facebook
facebook.com/Fans.FredGraef

Instagram
instagram.com/fredgraef/

YouTube
youtube.com/fredgraefcoach

Conheça os nossos serviços.

- Treinamentos In Company sobre Vendas, Liderança e Competências Comportamentais.
- Palestras Motivacionais
- Consultoria Empresarial para Gestão Comercial
- Consultoria Empresarial para Processos de Vendas
- Mentoria Individual (Programas de Mentoria) para Gestores, Empreendedores, Vendedores, Profissionais Liberais e Outros Profissionais

Para solicitar um orçamento ou conhecer mais sobre os nossos serviços, envie um e-mail para <u>fred@fredgraef.com.br</u> ou mensagem pelo Whatsapp para (54) 9-9605-5125.

Outros Recursos

*Conheça nossos cursos online na **Udemy**.*

Venda Mais Usando o Telefone (e Prospecte Mais) - Aumente sua Capacidade de Vender Mais usando o telefone (e prospectar mais) com técnicas e estratégias atuais

bit.ly/fred-venda-telefone-email

Como Vender Mais Identificando o Estilo do Cliente - Como aumentar as possibilidades de vender mais identificando o estilo de cada cliente e assim ser mais persuasivo

bit.ly/fg-estilo-do-cliente

PNL em Vendas - Como Vender Valor (e não o preço) - Consiga diferenciar a sua oferta e levar o cliente a perceber o valor do que você vende

bit.ly/fg-como-vender-valor

PNL - Técnicas Hipnóticas para Vendas e Comunicação - Imagine instantaneamente ter mais poder de persuasão, de convencimento e de sugestões para vender mais e melhor

bit.ly/fg-hipnose

PNL| Faça as Pessoas Gostarem de Você |Venda Mais com Rapport - Imagine instantaneamente criar "química" com leads, prospects e clientes para vender e negociar mais e melhor

bit.ly/fg-rapport

Outros Cursos

Curso Digital Felicidade

fredgraef.com.br/blog/felicidade-descricao-do-treinamento/

FG Academy

fredgraef.com.br/site/fg-academy-online

———————————————

Fred Graef

Bibliografia

CARNEGIE, Dale. *Como Fazer Amigos e Influenciar Pessoas.* Ed Sextante, 1981.

CIALDINI, Robert. *As Armas da Persuasão.* Ed Sextante, 2012.

CONNOR, Joseph. *Sucesso em Vendas com PNL.* Ed Summus, 1997.

FEXEUS, Henrik. *A Arte de Ler Mentes.* Ed Best Seller, 2018.

KLARIC, Jürgen. *Venda à Mente, não ao Cliente.* Ed Planeta Estratégia, 2017.

PEASE, Allan. *Desvendando os Segredos da Linguagem Corporal.* Ed Sextante, 2010.

SCHAFER, Jack. *Manual de Persuasão do FBI.* Ed Universo dos Livros, 2018.

WEIL, Pierre. *O Corpo Fala.* Ed Vozes, 2015.

Fred Graef

A Casa do Escritor presta Consultoria e Serviços
e auxilia escritores no processo de produção, publicação
e lançamento de seus livros. Saiba mais em
casadoescritor.com.br

www.ingramcontent.com/pod-product-compliance
Lightning Source LLC
Chambersburg PA
CBHW071414210526
45465CB00001B/381